Inversionista

Un Inversionista se refiere a las características de una persona que guían la manera en que debiera tomar sus decisiones de inversión, incluido su nivel de tolerancia al riesgo, en relación a los diversos instrumentos de inversión que existen en el mercado.

Tienes qué conocer qué tipo de inversionista es usted, podrá elegir de mejor forma entre las alternativas de inversión a las que puede optar o crear una estrategia de inversión que se adapten a su perfil.

Intro

1- Tipos de inversionista

2-¿Sabes que es un trader o inversionista?

3- Que es el análisis técnico

4- Algunas herramientas que recomiendo para el análisis técnico

5- Análisis fundamental

6- Estrategia de trading o de inversión

7- Gestión de Riesco

8- Psicología del Trading

9- Plan de Trading

10- Ventajas de ser trader y FIN

Existen 3 tipos de inversionista

Conservador- Dentro de este perfil puede haber todo tipo de personas, desde jóvenes con sus primeros ingresos y que, por lo tanto, no quieren arriesgar sus ahorros; hasta aquellos con familias por mantener, o deudas por cubrir, o personas retiradas o por jubilar que no quieren mayores preocupaciones.

Tal vez no sea ésta la estrategia que maximice la rentabilidad de las inversiones, pero sí puede ser una alternativa para ahorrar a largo plazo sin mayores preocupaciones sobre el movimiento de los instrumentos.

Moderado- Este inversionista es cauteloso con sus decisiones, pero está dispuesto a tolerar un riesgo moderado para aumentar sus ganancias. Procura mantener un balance
entre rentabilidad y seguridad. Suele buscar la creación de un portafolio
o cartera de inversión. Inversionistas de este tipo hay de distintas edades. Generalmente se trata de personas con ingresos estables, que pueden ser entre moderados y altos, padres de familia con capacidad de ahorro.

Agresivo- Busca los mayores rendimientos posibles, por lo que está dispuesto a asumir el riesgo que sea necesario. Se trata por ejemplo, de inversionistas jóvenes, pero que cuentan también con solidez económica y con ingresos de moderados a altos y personas solteras o aún sin hijos, entre los 22 y los 50 años de edad. Esta clase de inversionistas corre riesgos en los mercados y opta por los instrumentos que prometen las ganancias más elevadas, sin importar si en un momento dado se arriesga a perder la mayor parte de la inversión. Este tipo de personas prefieren portafolios de inversión en los que combinan fondos de capitalización, deuda a corto plazo y deuda a largo plazo. Ser un inversionista agresivo puede dar buenos resultados, siempre que no se esté invirtiendo el dinero de los gastos cotidianos. No es recomendable mantener esta actitud de riesgo cuando no se cuenta con la suficiente solvencia, o si se tienen compromisos familiares importantes.

¿Sabes que es un trader o inversionista?

Trader- Es todo aquel inversor o especulador que opera en los mercados financieros con la finalidad de obtener beneficios en el corto, medio o largo plazo. El trader puede operar sobre cualquier producto o mercado de inversión, ya sean de contado o de futuro, productos de *renta fija, renta variable, materias primas, tipos de interés, derivados organizados, derivados no organizados u*

OTC, divisas, fondos de inversión, ETFs. Dependerá de su disponibilidad y experiencia su exposición a las diferentes clases de activos que forman parte de los mercados financieros, ya que cada mercado tiene sus características propias. Cada trader, en base a su poder adquisitivo, definirá sus reglas de comportamiento y realizará un análisis ya sea tenido o fundamental buscando un ratio de riesgo-beneficio que este a su favor.

Para ser trader hay que entender que a base de errores se aprende, hay que conocer el mercado a la perfección, ser persistente, paciente, disciplinado, las pérdidas debe hacer de él un inversor más fuerte y aprender de los errores.

Que es el análisis técnico- El análisis técnico es un tipo de análisis bursátil que estudia los movimientos de los gráficos e indicadores basados en los precios de los activos. Dicho más claros, un activo (por ejemplo, una acción) se mueve en distintas direcciones. Unas veces sube, otras veces baja y otras veces se mueve de manera lateral. El análisis técnico lo que hace es analizar esos movimientos de subida, de bajada o de movimiento lateral, para intentar predecir cuál será el movimiento futuro. Claro que, para analizar esos movimientos utiliza diversas herramientas.

Algunas herramientas que recomiendo para el análisis técnico-

Calculadora de niveles de Fibonacci- la serie matemática de Fibonacci ha sido uno de los elementos con mayor utilidad en el mundo del trading. Ya sea a partir de retrocesos, extensiones, espirales, elipses, canales y otros, los niveles de Fibonacci esta herramienta se ha convertido en uno de las preferidas para cualquier trader.

Soportes y resistencias trading- son términos para dos niveles respectivos en un gráfico de precios que parecen limitar el rango de movimiento del mercado. El nivel de soporte se establece donde el precio deja de bajar regularmente y vuelve a subir, mientras que el nivel de resistencia donde el precio normalmente deja de subir y vuelve a bajar. Los niveles existen como producto de la oferta y la demanda, es decir, si hay más compradores que vendedores, el precio podría subir, y si hay más vendedores que compradores, el precio tiende a bajar.

Ejemplo de soporte y resistencia

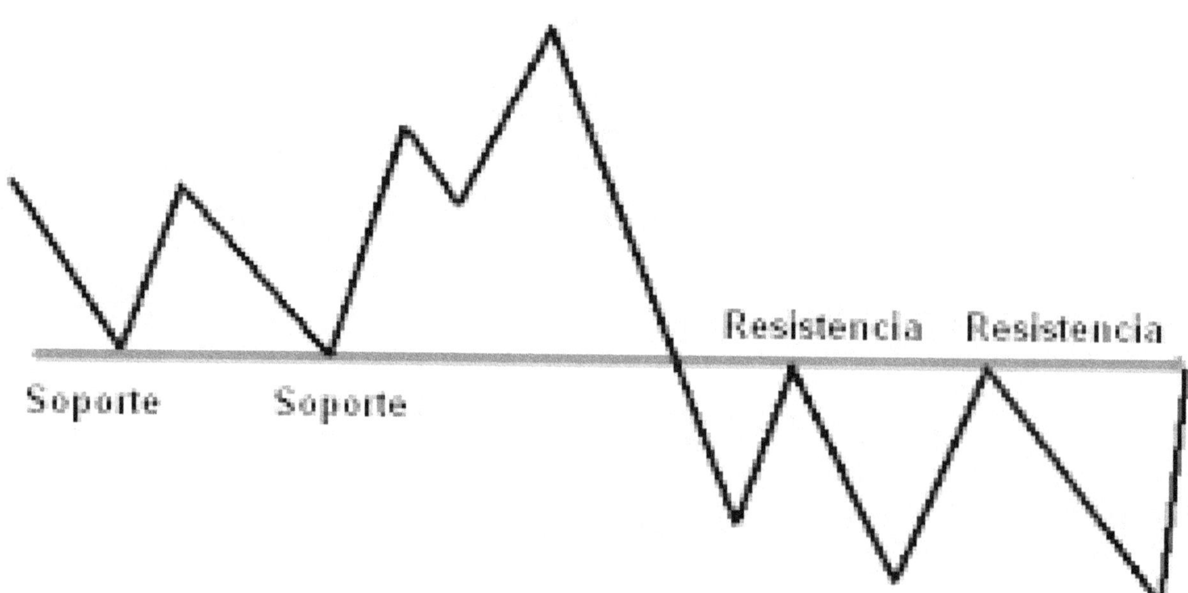

Línea de tendencia- Una línea de tendencia es una recta que marca la tendencia de un activo. Puede ser alcista o bajista. En una línea de tendencia alcista la recta une los mínimos sucesivos relevantes. Por su parte, una línea de tendencia bajista es una recta que une los máximos sucesivos relevantes.

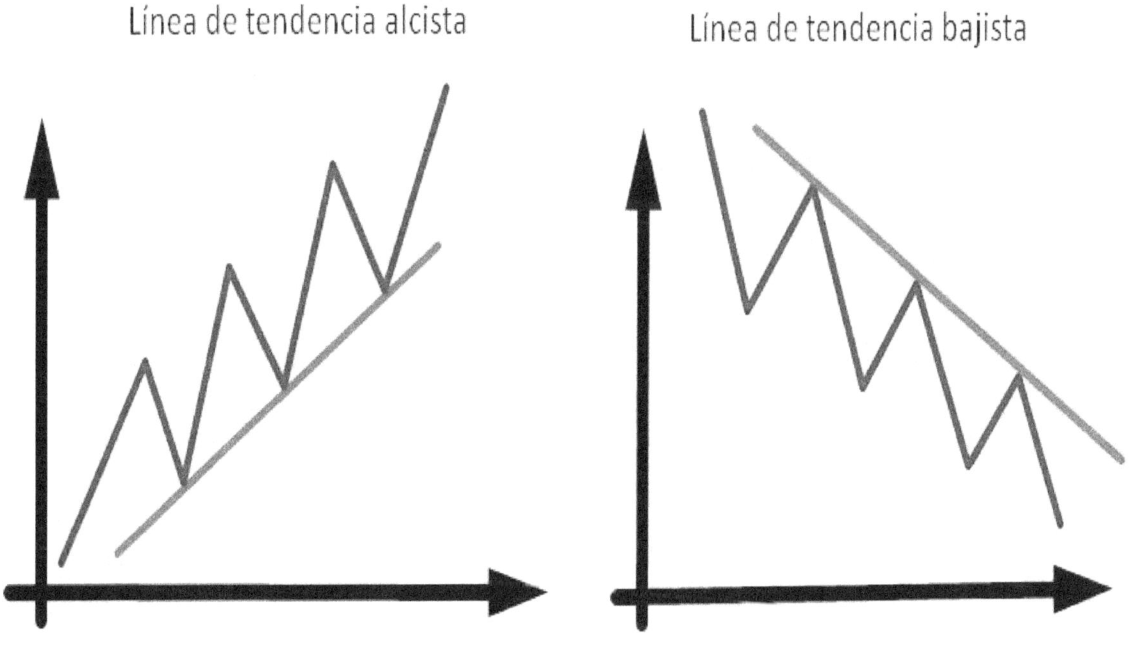

El RSI- (Relative Strength Index) es uno de los osciladores más populares y utilizados para operar en los mercados. Se trata de una herramienta valiosa para medir tanto la velocidad en los cambios de precios como también los posibles niveles de sobre compra o sobre venta. El indicator fue desarrollado por. *(J Welles Wilder.)*

Análisis fundamental- El análisis fundamental es un método que se emplea para evaluar el valor intrínseco de un activo y para analizar los factores que podrían influir en su precio en el futuro. Este tipo de análisis se basa en la evaluación de los activos a partir de hechos e influencias externos, así como de los estados financieros y de las tendencias industriales.

El análisis fundamental es uno de los dos métodos principales que se utilizan para analizar el mercado. El otro es el análisis técnico. Mientras que los inversores que emplean el análisis técnico obtienen toda la información que necesitan para operar desde los gráficos, los que se basan en el análisis fundamental se fijan en factores externos, ajenos a los movimientos de precio del propio activo.

La mayor parte del análisis fundamental se emplea para evaluar los precios de las acciones, pero se puede utilizar en toda una serie de clases de activos, como bonos y forex.

Las herramientas que pueden escoger los inversores para el análisis fundamental varían en función del activo con el que se quiera operar. Por ejemplo, los inversores de acciones pueden fijarse en las cifras de los informes de resultados de una empresa: ingresos, beneficios por acción, crecimiento previsto o márgenes de rentabilidad. Sin embargo, los inversores en forex pueden decidir evaluar las cifras que publican los bancos centrales, ya que ofrecen una visión del estado de la economía de un país.

El análisis fundamental ayuda a los inversores a recopilar la información adecuada para tomar decisiones racionales a la hora de determinar su posición. Al basar estas decisiones en datos financieros, existe poco margen para sesgos personales.

El análisis fundamental te dice que comprar o que vender, pero el análisis técnico te dice cuando comprar o vender

Estrategia de trading o de inversión-

Una estrategia de trading es un plan diseñado para conseguir un determinado beneficio. Dentro de una estrategia hay una parte enfocada a la toma de decisiones de inversión y otra parte, de gestión monetaria y de riesgos. Hay cuatro planos temporales típicos en los que desarrollar estrategias: intradía, scalping traider y swing traider. Cada inversor típicamente se suele adaptar mejor a un plano temporal concreto, aunque no por ello debe verse necesariamente limitado al mismo. También es la constante aplicación de reglas que son parte de una estrategia en particular, como puntos de entrada y salida específicos o siempre operar en la dirección de la tendencia predominante.

Scalping traider- consiste en abrir y cerrar posiciones en espacios muy cortos de tiempo, que pueden ser entre unos segundos y pocos minutos es la estrategia más arriesgada por eso requiere de un mayor conocimiento. Tienes que saber muy bien lo que haces y tener nervios de acero por el riesgo que tiene ser un *scalper* . Ven graficas de 1 minuto hasta más o menos 1 hora.

Intradía- El trading intradía es una estrategia de inversión que implica abrir y cerrar las posiciones antes de que se cierre el mercado. En consecuencia, los inversores que emplean el trading intradía no suelen mantener posiciones abiertas durante la noche, ya que las cierran durante la tarde, y las vuelven a abrir al día siguiente. El trading intradía es una estrategia a corto plazo cuyo objetivo es obtener beneficios de las pequeñas fluctuaciones de los precios durante el día, en lugar de los movimientos del mercado a largo plazo. Tienes más rango para analizar por lo que es menos riesgosa que scalping. Ve graficas desde 1 hora hasta diarias.

swing traider- es un estilo de trading que se utiliza principalmente en temporalidad a medio y largo plazo. El propósito de este enfoque es aprovechar los movimientos del mercado con operaciones abiertas durante varios días o semanas incluso meses. El swing trader suele realizar sus análisis en un gráfico diario, o incluso en un gráfico en 4 horas. Solo suele pasar unos minutos cada día buscando oportunidades de trading, el resto del tiempo dejará que sus escenarios evolucionen solos, ¡ese es el punto positivo de hacer Swing Trading!. Es un buen sistema para las personas que tienen poco tiempo libre ya que requiere de menos tiempo que los demás sistemas. Es el menos riesgoso, y el más recomendado si estas empezando.

¿Con cuál te identificas?

Gestión de Riesco

La gestión del dinero es la parte de la estrategia que especifica el tamaño de la posición, el tamaño del apalancamiento y los niveles de *Stop Loss* y *Take Profit*. El buen manejo del dinero es parte vital del éxito en el trading a largo plazo.

La gestión de riesgo es uno de los conceptos clave que todo trader debe aplicar si quiere sobrevivir en el mercado. Es un concepto fácil de aprender para la mayoría de los traders, si bien es difícil de aplicar. Por lo general, los brokers en la industria del trading les gusta publicitar los beneficios del apalancamiento y casi nunca mencionan claramente las pérdidas potenciales que puede sufrir el inversor. Esto ocasiona que muchos operadores ingresen a su plataforma de trading con la mentalidad de que deben tomar grandes riesgos con el fin de obtener ganancias mayores.Para los que han operado principalmente con cuentas demo, todo puede parecer muy sencillo al inicio, pero una vez que el dinero real y las emociones entran en juego, las cosas cambian. Aquí es donde la gestión del riesgo muestra su verdadero valor.

La gestión de riesgo se trata basicamente de mantener el nivel de riesgo bajo control. Entre más controle su riesgo, tendrá mayor flexibilidad a la hora de operar, sobre todo en los momentos donde más lo necesite. El trading en general se trata de aprovechar las oportunidades. Por este motivo los traders deben ser capaces de actuar cuando estas oportunidades aparecen. Al limitar el riesgo, el trader se asegura de poder continuar operando cuando las cosas no se desarrollan tal como las había planeado, lo cual a su vez le permitirá poder mantenerse en el juego, listo para cuando las nuevas oportunidades aparezcan. El uso de un sistema de gestión de riesgo apropiado puede ser la diferencia entre convertirse en un trader profesional o ser simplemente una victima más del mercado.

EL TRADING y LAS INVENCIONES son fáciles, lo que no es fácil es crear paciencia, mentalidad positiva, _perseverancia, cumplir las reglas, ser humilde y dejarte enseñar......_

Psicología del Trading-

 Para tener éxito en el trading hay dos factores fundamentales que dependen directamente de ti- El primer factor es el conocimiento y la experiencia que se consigue con dedicación y mucha práctica. El segundo factor, sobre el que nos centraremos, está en tu mente con tu actitud y con el adecuado control de tus emociones.

El camino hacia el éxito en el trading no es distinto en muchas otras facetas de tu vida, por ejemplo si practicas un deporte, además de muchas horas de práctica es imprescindible una buena preparación psicológica y mental para hacer frente a las oportunidades, sacrificios, obstáculos, victorias, fracasos, no le puedes tener miedo a las perdidas ni al fracaso solo aprende de ellos-

Fracaso- _significa que estás haciendo algo, que te estás volviendo más fuerte, que estás avanzando, indica el que estás más cerca de triunfar. Fracasar no te hace un fracasado renunciar sí. Es el plan de la naturaleza para prepararte para grandes cosas y responsabilidades._

La psicología del trading- es vital para cualquier principiante, que debe desarrollar su propia estrategia de inversión mientras aprende a lidiar con estos factores emocionales. Pero también lo es para traders profesionales que deben permanecer psicológicamente fuertes y no perder la disciplina para poder ser consistentes y rentables durante años.

La avaricia es una emoción muy habitual. Prácticamente todo el mundo quiere ganar más y más, con el mínimo esfuerzo posible y si es cuanto antes mejor que mejor.

La avaricia hará que negocies en exceso y que tomes demasiados riesgos por lo que, en vez de ayudarte a obtener beneficios, acabará con tu cuenta de trading. Te empuja a entrar en el mercado, a abrir posiciones sin control, a no ser paciente esperando por las oportunidades adecuadas. También a mantener abiertas posiciones en beneficios más tiempo del necesario con la idea de ganar todavía más.

La avaricia- es una emoción muy habitual. Prácticamente todo el mundo quiere ganar más y más, con el mínimo esfuerzo posible y si es cuanto antes mejor.

La avaricia hará que inviertas en exceso y que tomes demasiados riesgos por lo que, en vez de ayudarte a obtener beneficios, acabará con tu cuenta de trading. Te empuja a entrar en el mercado, a abrir posiciones sin control, a no ser paciente esperando por las oportunidades adecuadas. También a mantener abiertas posiciones en beneficios más tiempo del necesario con la idea de ganar todavía más.

El pensamiento positivo- funciona cuando piensas en positivo y sigues tu estrategia de trading conseguirás más operaciones exitosas. En cambio si tus pensamientos son negativos te arrastrarán a cometer muchos más errores. Serás presa del miedo o de la ira y difícilmente puedes aprender, analizar o actuar con objetividad en ese estado.

Piensa en cualquier deporte. Crees que a un jugador de futbol le aportará algo positivo estar pensando para sí mismo que no va a ser capaz de golear, en un futbolista que le entran las dudas cuando va a lanzar un penalti, un ciclista en plena subida no confía en que le llegarán las fuerzas, un atleta que no está convencido de que va a ser capaz de mejorar sus marcas,… Esta es la mejor receta para fallar por eso en cualquier deporte es muy importante un lenguaje interior positivo para generarse autoconfianza. Lo mismo sucede en el trading.

Sentimientos como el miedo y la avaricia siempre van a estar ahí y no puedes eliminarlos del todo. Lo que puedes hacer es controlarlos, mantenerlos a raya y tratar de atacar los factores que te generan esos sentimientos.El miedo suele aparecer cuando no tienes todavía un conocimiento adecuado del mercado. No tienes experiencia y te falta confianza en ti mismo y en tu sistema de trading.

La principal solución es la práctica. Abre una cuenta demo para no arriesgar tu dinero real hasta no estar preparado, haz pruebas, desarrolla y optimiza tu sistema de trading hasta hacerlo rentable, ten paciencia y mantén una actitud positiva volcada en el aprendizaje. *Los primeros meses son los más complicados, no te desanimes ni te rindas ante las operaciones perdedoras ni te vuelvas confiando en las operaciones ganadoras.*

Los que abandonan nunca ganan y los ganadores nunca abandonan.

Plan de Trading- Un plan de trading es la guía esencial que cualquier trader debe tener bien presente a la hora de enfrentarse al mercado. El plan de trading es un documento en el que se plasman todos los aspectos que van a definir nuestra operativa. Este plan debería cubrir cualquier contingencia que nos pudiera suceder en el mercado.

La improvisación es una mala compañera en el camino del trader. No podemos confiar en llegar al equilibrio y desarrollar un buen criterio cuando estemos en medio de la operativa con el mercado abierto. Por eso necesitamos de una lista detallada de objetivos a alcanzar mediante nuestra estrategia y sobretodo, de los recursos que vamos a emplear para alcanzarlos. El trader que ha desarrollado a conciencia su plan de trading goza de una gran ventaja sobre los que no lo tienen, y es que tiene una referencia y un guion en que constan los conceptos en los que se basa su visión del mercado y eso le permite no tener que improvisar.

Como hacer un plan de trading- Al principio de tu camino como trader es normal que estés perdido y no sepas por donde empezar. Lo más importante es practicar y familiarizarte con todos los elementos de la operativa. Una cuenta demo es una buena herramienta para practicar y aprender a invertir sin poner en riesgo tu dinero desde el primer momento. Es importante que vayas poco a poco desarrollando tu propio sistema de trading y vayas plasmando lo que ves que te funciona y lo que no en tu plan de trading. Tienes que preguntarte *(¿Qué tipo de trader eres?)*. Ya hablamos de tipos de trader en el capítulo 6. Define tu estrategia y cúmplela.Antes de entrar al mercado tienes que saber ya varias cosas por eso es importante tener un plan escrito y repasarlo antes de invertir.

Tu plan de Trading tiene que tener claro- Qué tipo de trader eres, que gestión de riesgo vas a tener te recomiendo del 1% al 5% de tu capital por operación, relación riesgo beneficio cuanto estas dispuesto a arriesgar para ganar yo te recomiendo ½ ósea que si vas a arriesgar el 1% de tu capital vallas por el 2% de ganancia, que % semanal tienes por objetivo te recomiendo que vallas por el 10% de tu cuenta, los días que vas a operar, los mercados que vas a operar, que tiempo en la gráfica y que tipo de temporalidad vas a analizar, tener una lista de confirmaciones yo no entro en una operación si mínimo no tengo 3 confirmaciones, los indicadores que vas a usar, _tu plan tiene que ser especifico, alcanzable, claro y realista._

Debemos dotar al plan de trading del máximo de detalle posible. Una mayor definición y precisión en cada uno de los aspectos de nuestras estrategias nos alejan de la improvisación y de los problemas que puede sufrir un trader sin ningún guion ante el mercado.

El plan de trading no pierde su importancia para el trader a lo largo de su trayectoria. Para los traders principiantes puede dar cierta pereza documentar su plan cuando aún no tienen muchas cosas claras pero es muy difícil optimizar algo y saber si se estamos cumpliendo con nuestros objetivos si éstos no están por escrito. Para los traders más experimentados las rutinas y hábitos desarrollados con el tiempo pueden hacer que el plan de trading entre en desuso e incluso en el olvido, pero esto contiene un peligro oculto de abandono de hábitos y disciplina que puede tener un alto precio.

Ventajas de ser trader- Al iniciar trading muchas personas pierden mucho dinero al comenzar a hacer trading y se desaniman, incluso sienten que no quieren realizar más movimientos financieros ni una vida en los negocios.

El trading no es una fuente mágica de hacer dinero, el trading es una forma de vida, para hacer trading debes modificar, debes ser una persona más disciplinada, debes ser constante.

Unas de las ventajas de hacer trading es que tu eres tu propio jefe, no tienes a nadie ahí exigiendo que le hagas una cantidad, que uses su estrategia, no tienes a nadie pidiéndote que les des un resultado positivo y rápido. Y lo mejor es que el tiempo y tu horario es todo tuyo, tu entras y sales , trabajas a la hora que quieras y planificas tu vida.

Ser trader tiene muchas ventajas, desde la libertad financiera a la capacidad de generar mucho más dinero que un trabajo bien pagado, con menos esfuerzo. Puedes trabajar en cualquier lugar de tu país o del mundo.

Los recursos que vas a necesitar para ser trader van a ser bien pocos en comparación con la mayoría de empleos tradicionales, pudiendo sacar tu negocio adelante simplemente con un buen equipo informático y una buena conexión a internet. Incluso en los momentos en los que la economía global sufre alguna crisis importante y entra en recesión, repercutiendo en el mercado de trabajo entre otras cosas, el trader puede seguir operando y sacando rentabilidad de los mercados.

Fin

Para más información o por si quieres contentarme. Me llamo <u>Ever Marin</u> y estas son mis-

Redes sociales

@invertiryganar-

En Instagram,

Grupo de Facebook ,

Canal de YouTube.